Thomas Merkle

GRILLEN

Rezepte für Meister am Rost

rombach
baden pur

Mit freundlicher Unterstützung von:

Rombach Verlag KG,
Freiburg i.Br./Berlin/Wien

1. Auflage.

Titelfoto:
Stephan Elsemann

Layout und Satz:
Petra Markstahler

Fotografie:
Markus Hemmerich,
Stephan Elsemann

Herstellung:
rombach digitale manufaktur,
Freiburg im Breisgau
Printed in Germany
ISBN 978-3-7930-5108-4

Thomas Merkle

GRILLEN

Rezepte für Meister am Rost

rombach
baden pur

TM
GANTER
GANTER

some like it HOT

Manche mögen's heiß. Ich auch. Für mich ist Grillen die heißeste Sache überhaupt. Ich liebe es mit meiner Familie und guten Freunden feines Essen am Grill zuzubereiten. Grillen ist ja viel mehr als eine Form von Kochen – es ist immer ein Gemeinschaftserlebnis für Menschen, die gerne feiern und es sich gut gehen lassen. Damit es ein richtiges Fest wird, müssen natürlich auch die Rezepte stimmen. Eine – wie ich finde – spannende Auswahl finden Sie in diesem Buch.

PS: Noch ein Tipp vom Sternekoch. Sparen Sie nicht am Grillgerät und sorgen Sie für das richtige Handwerkszeug. Ein Kerntemperaturmesser ist zum Beispiel unerlässlich. Guten Appetit!

FLEISCH

SMOK
lounge

ERS

mein BESTES:
Ich brauche dazu nur
Petersilien-Knoblauchbutter (s. S. 96),
Merkles BBQ-Sauce,
geröstetes Weißbrot und einen Rotwein.

Das perfekte Steak

mein TIPP:
Mit dieser Technik bleibt das Fleisch schön saftig. Wichtig ist:
Wenn die gewünschte Kerntemperatur erreicht ist, nur noch kurz heiß grillen, um Röstaromen und Geschmack zu bekommen (dabei gart das Fleisch nochmals ca. 3°C nach).
Dann an einem warmen Ort bei ca. 60°C noch ca. 5 Minuten ruhen lassen, damit es beim Aufschneiden nicht ausläuft.

ZUTATEN:

4 Rib-Eye Steaks à 300g
1 EL grobes Meersalz
4 EL Olivenöl
1 Bd Thymian
1 Bd Rosmarin
Pfeffer aus der Mühle

ZUBEREITUNG:

Die Steaks mit dem Pfeffer aus der Pfeffermühle würzen, mit Olivenöl beträufeln und mit den Kräutern marinieren, 30 Minuten bei Zimmertemperatur liegen lassen. Die Kräuter von den Steaks entfernen und mit Meersalz würzen.
Grill auf ca. 100°C Innentemperatur vorbereiten und die Steaks indirekt bis 53°C Kerntemperatur garen, in Alufolie wickeln und in der Nähe des Grills ruhen lassen.
Den Grill auf höchste Stufe einheizen und die Steaks bei direkter Hitze auflegen, dabei wenden, damit beidseitig ein schönes Grillmuster entsteht. Mit den beim Marinieren verwendeten Kräutern abtupfen. Garen, bis die gewünschte Kerntemperatur erreicht ist. (Siehe Tipp auf S. 33)

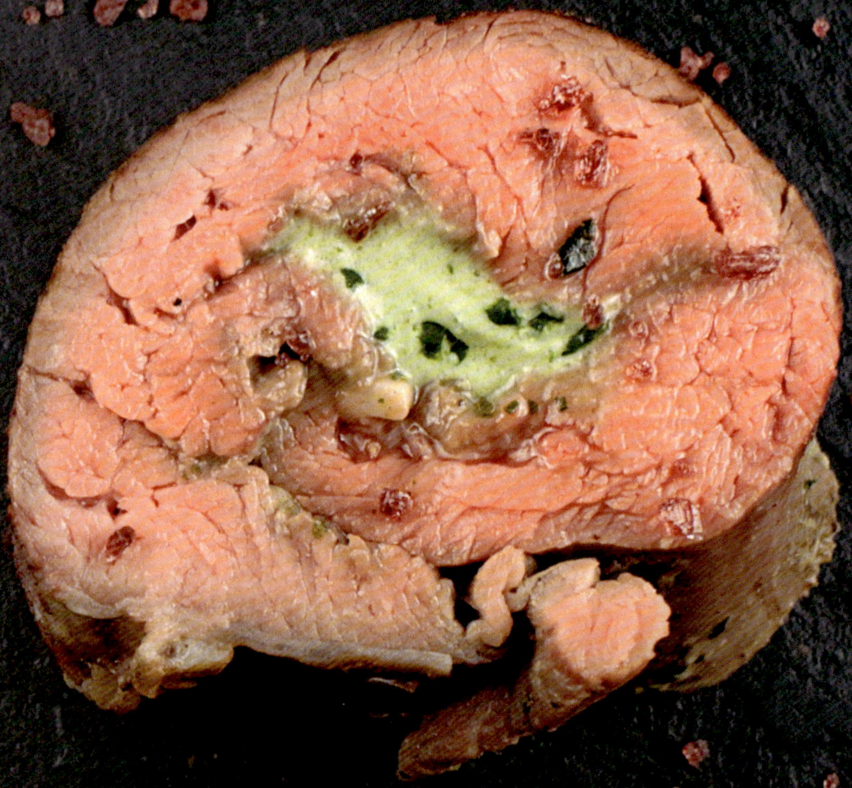

Info:

Das Flank Steak liegt zwischen Keule und Bauch und wird auch die kleine Bavette genannt. Der Flank-Schnitt kommt ursprünglich aus Kanada und USA, mittlerweile kennt ihn aber auch bei uns jeder Metzger.

Röllchen vom Schuttertäler Flank Steak

mit Monte Ziego

ZUTATEN:

2 Flank Steaks (beim Metzger vorbestellen)
100 g Monte Ziego oder anderer Ziegenfrischkäse
2 EL Basilikumpesto,
(Rezept S. 77)
3 Scheiben Toastbrot,
(in Würfel geschnitten und geröstet)
Salz, Pfeffer

ZUBEREITUNG:

Den Monteziego mit Pesto und den gerösteten Toastbrotwürfeln mischen, nach Wunsch nochmals mit Salz und Pfeffer mischen.
Die Flank Steaks von den Sehnen trennen und mit einem scharfen Messer quer zur Faser hin aufschneiden, so dass die zwei Hälften beim Umklappen ein Rechteck ergeben. Mit Salz und Pfeffer würzen und die Monteziegomasse darauf verteilen, ca. 1 cm Rand lassen, sonst läuft die Masse beim Garen aus. Das Fleisch mit der Füllung eng einrollen, so dass die Fleischfaser quer verläuft.
Die Rollen im Abstand von ca. 3-4 cm mit Küchengarn in Form binden, von außen mit Salz und Pfeffer würzen und mit Olivenöl einpinseln.
Auf den mit indirekter Hitze vorbereiteten Grill legen, Grill bei ca. 80°-100°C Innentemperatur bis kurz vor die gewünschte Kerntemperatur (s. Tipp S. 33), bringen.
Das Fleisch aus dem Grill nehmen, den Grill auf direkte Hitze vorbereiten und den Rollen auf dem Rost Grillmuster und Röstaromen geben.
Danach das Fleisch vom Grill nehmen und in Alufolie an einem warmen Ort in der Nähe des Grills ca. 10 Minuten ruhen lassen.
Danach in ca. 2-3 cm dicke Scheiben schneiden und heiß servieren.

Rindswurst
in Spätburgunder geschmort

mein TIPP:
Die Würste in gegrillten Baguettebrötchen mit einem Krautsalat (s. S. 143), grobem Senf und den karamellisierten Zwiebeln servieren.

ZUTATEN:

4 Rinderbratwürste
2 rote Zwiebeln
0,5 l Spätburgunder Rotwein, vom Kaiserstuhl
0,1 l roter Portwein
Salz, Pfeffer, Zucker

ZUBEREITUNG:

Den Spätburgunder und den Portwein auf die Hälfte reduzieren und in eine Aluform geben.
Auf indirekter Hitze mit geschlossenem Deckel die Würste schmoren, bis sie nicht mehr roh sind, aus dem Sud nehmen und kurz abtropfen lassen.
Die Zwiebeln in den Rotweinsud geben und ebenfalls weich schmoren.
Kurz bevor der Sud eingekocht ist, mit etwas Salz, Zucker und Pfeffer karamellisieren.
Die Würste auf dem Grill bei direkter Hitze von allen Seiten grillen und mit den karamellisierten Zwiebeln auf heißen Tellern servieren.

mein TIPP:
Wenn Sie einen Dampfgarer oder ein temperiertes Wasserbad haben, können Sie das Fleisch mit der Marinade vakuumieren und so ca. 2 Stunden bei 60°C garen, auspacken und trocken tupfen, dann im Grill fertigstellen.

Als Beilagen empfehle ich die gegrillten Minikarotten (S. 119) und das Maispüree (S. 69) und natürlich: Merkles BBQ-Sauce

Asia Schweinerippchen

Spareribs

FÜR DIE MARINADE:

2 EL Ingwer, fein gerieben
2 Knoblauchzehen, fein gerieben
8 EL Sweet Chilisauce
4 EL Sojasauce
2 EL Limettensaft
1 EL Sesamöl

ZUTATEN:

4 Kotelett Rippchen à ca 1,5 kg
2 EL Meersalz
2 EL Currypulver
2 EL Piment de Espelette
2 TL grober Senf

ZUBEREITUNG:

Haut auf der Rückseite mit einem Messer lockern und mit einem Tuch komplett abziehen. Auf allen Seiten kräftig mit der Würzmischung einreiben und bei Zimmertemperatur mind. 1 Stunde stehen lassen. Grill auf mittlere Hitze (Innentemperatur ca. 150°C) bringen. Die Rippchen in einer Halterung so auf den Grill stellen, dass sie zur Glut hinzeigen (so trocknet das Fleisch nicht aus), 50 Min. bei 145°C Innentemperatur garen.

MARINADE:

Ingwer und Knoblauch in Sesamöl andünsten und mit den anderen Zutaten ablöschen, kurz reduzieren lassen. Die Rippchen nach dem ersten Grillabschnitt (Dauer ca. 50 Minuten) vom Grill nehmen und auf ein Blech legen, von allen Seiten mit der Marinade einreiben. Holzkohle nachlegen und das Fleisch in der gleichen Stellung auf den Grill zurück stellen. Jetzt mit der Fleischseite Richtung Glut. Deckel schließen und nochmals 1 Stunde bei ca. 150°C grillen. Danach neue Holzkohle auflegen, die Rippchen herausnehmen und wieder mit Marinade einpinseln. Nun mit der anderen Knochenseite zur Glut zurück in den Grill stellen, Deckel schließen und nochmals 1 Stunde bei ca. 145°C grillen. Wenn die Knochen etwas freiliegen und das Fleisch leicht reißt, sind die Rippchen gar. Eventuell werden nicht alle gleichzeitig gar, diese müssen dann nachgegart werden. Zum Schluss nochmals mit Marinade einpinseln

mein TIPP:
Die Presa kann auch schon einen Tag vorher mit der Limetten-Chimichurri (Rezept Seite 91) mariniert werden, und bis zum Grillen im Kühlschrank aufbewahrt werden.

Presa
vom Schuttertäler Jungschwein

ZUTATEN:

1 Presa (Schweinenacken)
1 EL BBQ-Gewürz
gewachstes Salz, Pfeffer
2 Bio-Zitronen, Abrieb fein gehackt
2 EL Rosmarinnadeln, fein gehackt
0,1 ltr Orangensaft
1 EL Olivenöl
1 TL geschroteter schwarzer Pfeffer

ZUBEREITUNG:

Den Zitronenabrieb und den gehackten Rosmarin mit Orangensaft, Pfeffer und Olivenöl mischen.
Die Presa mit BBQ Gewürz, Salz und Pfeffer marinieren und ca. 1 Stunde bei Zimmertemperatur stehen lassen.
Den Grill auf indirekte Hitze mit ca. 175°C Innentemperatur vorbereiten und das Fleisch auflegen, ca. 30 Minuten garen, dabei das Fleisch immer wieder wenden.
Wenn eine Kerntemperatur von 53°C erreicht ist, das Fleisch mit der Marinade einpinseln und immer wieder drehen, bis das Fleisch leicht karamellisiert und eine Kerntemperatur von 58° C erreicht hat.
Die Presa an einem warmen Ort in der Nähe des Grills noch mindestens 10 Minuten ruhen lassen und dann gegen die Faser in dünne Scheiben schneiden.

ZUTATEN:

4 Burger-Brötchen
1 kg Schweinenacken
gewachstes Salz,
(s. Experten-Tipp S. 33)
Pfeffer,
Berbere (äthiopische Gewürzmischung)
Merkles BBQ-Sauce, Sweet Chilisauce, Sojasauce
1 rote Zwiebel in feine Ringe geschnitten
0,2 l Spätburgunder Rotwein
0,1 l roter Portwein
1 Lorbeerblatt
4 EL frittierte Schalotten
8 EL Krautsalat (Rezept Seite 143)

Pulled-Pork-Burger Berbere

Hommage an Äthiopien

ZUBEREITUNG:

Fleisch mit Salz, Pfeffer und Berberegewürz einreiben, in einen Vacuumbeutel geben und verschließen. Die Luft aus dem Beutel entfernen und das Fleisch 24 Stunden bei 62°C garen.
Das Fleisch aus dem Beutel nehmen und den Fleischsaft aufbewahren.
Den Grill für indirekte Hitze auf ca. 140°C vorbereiten, Hickory Holzspäne auf die Glut geben. Wenn es anfängt zu rauchen, Schweinenacken auflegen, Deckel schließen und bei ca. 130°C Innentemperatur mindestens 1 Stunde räuchern.
In der Zwischenzeit die fein geschnittenen, roten Zwiebeln mit Rotwein, Portwein und dem Lorbeerblatt mischen und reduzieren, bis die Zwiebeln gar sind und der Sud verkocht ist (kann leicht karamellisiert sein).
Das Fleisch vom Grill nehmen, in eine Schüssel legen, mit den Fingern oder zwei Gabeln zerrupfen und mit Soja, Sweet Chili und BBQ Sauce abschmecken, je nach Geschmack nochmals Salz, Pfeffer und Berbere zugeben, warm stellen.
Die Burger-Brötchen quer halbieren und rösten, den Krautsalat auf der Unterseite verteilen, die Tomate darauf legen, das Pulled-Pork darauf geben, mit den Rotwein-Zwiebeln und den gebackenen Schalotten belegen, Brötchendeckel darauf geben und warm servieren.

PILS

Bierdosenhuhn

ZUTATEN:

1 küchenfertiges Hähnchen ca. 2,5 kg
4 EL Tandoori-Gewürz
gewachstes Salz (s. S. 33),
Pfeffer
1 Dose Bier
1 Zweig Rosmarin
1 Zweig Thymian

ZUBEREITUNG:

Hähnchen innen und außen mit kaltem Wasser abspülen und mit Küchenpapier trocknen, mit Salz und Tandoori-Pulver von innen und außen würzen, dabei das Gewürz richtig einmassieren, Rosmarin und Thymian in die Bauchhöhle legen und 30 Minuten bei Raumtemperatur stehen lassen.
Öffnen Sie die Bierdose und stechen Sie noch ein paar kleine Löcher zusätzlich in die Dose, die Hälfte des Biers abgießen (oder trinken!). Das Hähnchen so weit wie möglich über die Bierdose stülpen und auf dem vorgeheizten Grill bei mittlerer indirekter Hitze mit geschlossenem Deckel ca. 1,5 Stunden grillen bis eine Kerntemperatur von mindestens 70°C erreicht ist.
Wenn am dicksten Teil des Schenkels beim Einstechen mit einer feinen Nadel klarer Saft ausläuft, ist es gar.
Das Hähnchen vorsichtig vom Grill nehmen und mindestens 15 Minuten an einem warmen Ort ruhen lassen.
Danach das Hähnchen portionieren und auf warmen Tellern servieren.

Lammkarree

ZUTATEN:

2 Lammkarree à 6-7 Rippen
4 Knoblauchzehen
je 1 Zweig Rosmarin und Thymian
Olivenöl
Salz, Pfeffer

ZUBEREITUNG:

Die Lammkarree mit gewachstem Salz (s. S. 33) und Pfeffer würzen, mit den Kräutern bedecken und mit Olivenöl beträufeln.
Im vorgeheizten Grill bei mittlerer Hitze mit geschlossenem Deckel bei ca. 100°C indirekt grillen, bis eine Kerntemperatur von 48°C erreicht ist.
Die Lammkarrees vom Grill nehmen und kurz in Alufolie eingewickelt an einem warmen Ort in der Nähe des Grills stehen lassen.
Den Grill auf volle direkte Hitze vorbereiten und den Lammkarrees von beiden Seiten Grillmuster und Röstaromen geben, bis die Karrees eine Kerntemperatur von 52°C erreicht haben.
Die Karrees vom Grill nehmen und nochmals in Alufolie an einem warmen Ort für ca. 10 Minuten ruhen lassen.

Kalbskoteletts

mein TIPP:
Das Kotelett kann auch mit der Limetten-Chimichurri (Rezept S. 91) oder der Fleischmarinade (Rezept S. 89) bereits einen Tag vorher mariniert und im Kühlschrank aufbewahrt werden.

ZUTATEN:

4 Kalbskotelett à 350 g
Meersalz, Pfeffer
1 Zweig Rosmarin
1 Zweig Thymian
4 EL Olivenöl

ZUBEREITUNG:

Die Kalbskoteletts mit Pfeffer würzen und mit den Kräutern und Olivenöl bei Zimmertemperatur mindestens 25 Minuten marinieren lassen.
Den Grill auf indirekte Hitze (ca. 100 °C) vorbereiten und die Kotelettes im inneren der Grillkammer auf eine Kerntemperatur von 53 °C bringen. Die Kotelette vom Grill nehmen und in Alufolie wickeln und in der Nähe des Grills ruhen lassen.
Dann den Grill auf maximale Hitze aufheizen. Die Koteletts kurz von jeder Seite grillen, dass ein Grillmuster und Röstaromen entstehen.
Bei 55 °C Kerntemperatur in Alufolie wickeln und an einem warmen Ort am Grill bei ca. 60 °C noch weitere 15 Minuten ruhen lassen, damit sich der Fleischsaft wieder im Steak verteilen kann und das Steak beim Aufschneiden nicht ausläuft.

mein TIPP:
Die Lollis können super als Apéro bei einem Empfang oder als Fingerfood gereicht werden.

Kalbfleisch Lollis

mit Wasabi

ZUTATEN:

400 g schieres Kalbfleisch
1 Knoblauchzehe
1 Zwiebel
4 Scheiben Toastbrot (in Milch eingeweicht)
1 Ei Größe L
2 EL Rapsöl
BBQ-Sauce Edition Merkle
100 g grob zerbröselte Wasabi-Chips
50 g gehackte Wasabi-Nüsse
Holzspieße ca. 15 cm Länge

ZUBEREITUNG:

Die geschälte Zwiebel und den Knoblauch grob schneiden und in Öl hellgelb anschwitzen, danach auskühlen lassen.
Das Kalbfleisch, die angeschwitzten Zwiebeln und den Knoblauch mit dem Toastbrot durch die feine Scheibe des Fleischwolfs lassen. Mit Ei, Salz und Pfeffer eine Hackmasse herstellen. Die Hackmasse in 30g schwere Stücke teilen und formen, siehe Bild.
Die Masse auf Spieße stecken und auf dem Grill bei direkter hoher Hitze von beiden Seiten grillen.
Danach durch die warme BBQ-Sauce ziehen, in den Wasabibröseln wenden. Zum Servieren in eine Styroporplatte oder in eine, mit Löchern versehene, Holzplatte stecken.

Experten unter sich: Thomas Merkle und „Echt Schwarzwald"-Geschäftsführer Klaus Binder wissen, was gutes Fleisch ausmacht.

Die selbst gebaute RÄUCHERTÜTE:

Ein großes Stück Alufolie mehrmals zusammenfalten, so dass eine Tüte entsteht und eine Seite dabei offen bleibt. Mit ca. 200 g Hickoryspänen oder anderen Holzspänen, je nach Geschmack oder Fleischsorte, einfüllen. Die Öffnung verschließen und mit einem spitzen Gegenstand vorsichtig einige Löcher einstechen. Bei mittlerer Hitze auf die heiße Glut oder an den Brenner des Gasgrills legen, sobald Rauch aufsteigt, das gewünschte Räuchergut auflegen und den Deckel schließen. Geht auch mit Geflügel oder Fisch und Krustentieren, sobald Rauch aufsteigt das Grillgut auflegen und den Deckel schließen.

UND NOCH WAS TOLLES:

Kennen Sie schon gewachstes Salz? Das ist ein perfektes Produkt für Rouladen oder Stücke, die man einige Zeit vor dem Garen schon salzen will. Die Ummantelung aus Palmkern-Öl löst sich erst bei ca. 60°C auf, deshalb können auch Marinaden mit diesem Salz hergestellt werden. Das Fleisch trocknet beim Einlegen nicht aus!

GARTEMPERATUREN bei Rindfleisch:

englisch 47°C
medium 52°C – 55°C
rosa 57°C – 60°C
fast durch 65°C
durch 68°C

Die Garzeiten bei Fleisch richten sich nach der Dicke des Fleischstücks. Daher empfiehlt sich der Einsatz eines Kerntemperaturfühlers. Dieser sollte immer in der Mitte des Produkts stecken, damit ein gutes Ergebnis erzielt werden kann.

Für das entspannte Grillen empfehle ich:

Wer einen Thermalisierer (temperiertes Wasserbad) oder Dampfgarer hat, kann das Fleisch mit der Marinade im Vakuum bei 60°C Wassertemperatur bis zur gewünschten Kerntemperatur garen. Danach auspacken, auf dem vorbereiteten Grill bei direkter Hitze Röstaromen sowie ein Grillmuster geben und dabei mit der Marinade bepinseln.

FISCH & KRUSTENTIERE

FISCH & KRUSTENTIERE

Sardinen

mein TIPP:
Dazu schmeckt die Limetten-Chimichurri (Rezept Seite 91) und frisch geröstetes Weißbrot.

ZUTATEN:

30 Mini-Sardinen
ausgenommen und geschuppt
1 Grillhalfter (klappbarer Grillrost)
2 EL Olivenöl
1 EL grob gehackter Rosmarin
1 EL grob gehackter Thymian
Salz, Pfeffer

ZUBEREITUNG:

Die Sardinen mit kaltem Wasser abwaschen, auch in der Bauchhöhle, danach mit Küchenpapier trocken tupfen. Die Sardinen mit Öl beträufeln, die grob gehackten Kräuter mischen und die Bauchhöhlen damit füllen, ca. 10 Minuten bei Zimmertemperatur liegen lassen.
Die Sardinen mit Salz und Pfeffer würzen und im Grillrost nebeneinander legen.
Auf direkter, mittlerer Hitze, am besten auf Holzkohle, grillen, bis sie schön braun und knusprig sind.
Den Grillrost öffnen und die Sardinen auf warmen Tellern servieren.

Jakobsmuscheln

mein TIPP:
Dazu passt der gegrillte Spargel-Minzsalat mit Kokoscrumble (Rezept Seite 115) und der Ananasrelish (Rezept Seite 85).

ZUTATEN:

16 Jakobsmuscheln
(wenn möglich, schottische Ware in der Schale)
4 EL Curryvinaigrette,
(Rezept S. 81)
2 EL Olivenöl
Salz

ZUBEREITUNG:

Die Jakobsmuscheln ausbrechen, den Rogen entfernen und die Nüsse in Eiswasser wässern.
Die Jakobsmuscheln auf einem Küchentuch trockenlegen, danach mit dem Olivenöl bepinseln und ca. 10 Minuten bei Raumtemperatur abgedeckt stehen lassen, damit sie nicht zu kalt sind. Die Jakobsmuscheln salzen und bei direkter Hitze auf dem Grill von beiden Seiten mit einem Grillmuster und Röstaromen versehen.
Die Jakobsmuscheln während des Grillens mit Orangen-Vinaigrette bepinseln und dann auf warmen Tellern anrichten.

Falls Sie bei Ihrem Fischhändler Jakobsmuscheln in der Schale bekommen, unbedingt probieren. Sie werden begeistert sein!

Geräuchte Austern

ZUTATEN:

20 Austern, nicht zu klein
(wenn möglich, probieren Sie
Fines de Claires oder Belons)
Alufolie

ZUBEREITUNG:

Die Alufolie mehrere Male übereinander falten und so eine Schiene schaffen, damit die Austern beim Grillen nicht schräg stehen und auslaufen.
Den Grill auf mittlerer Hitze mit einer Räuchertüte (siehe Tipp S. 33) vorbereiten. Wenn Rauch aufsteigt, die Austern auf der gefalteten Alufolie anrichten und den Deckel schließen. Nach 3 Minuten vom Grill nehmen. Austern, die sich jetzt noch nicht geöffnet haben, vorsichtig mit einem Austernöffner knacken.

Ich liebe diese Art von Austern, da sie ein leichtes Raucharoma haben und trotzdem noch nach Meer schmecken. Wer möchte, kann natürlich auch eine Knoblauch-Petersilienbutter (Rezept Seite 97) dazu servieren.

Hummer

mein TIPP:
Die Hummerschwänze sollten nach der Zubereitung noch glasig sein, ansonsten wird das Hummerfleisch zäh und trocken. Dazu schmeckt der Fenchelsalat (Rezept Seite 139).

ZUTATEN:

2 kanadische Hummer, à 400-500 g
150 g Karotten
2 kleine Zwiebeln
10 Pfefferkörner
2 Lorbeerblätter
2 Liter Wasser
Curryvinaigrette, (s. S. 81)

ZUBEREITUNG:

Das Gemüse in Würfel schneiden, zusammen mit den Gewürzen ins kochende Wasser geben und 10 Minuten ziehen lassen.
Die Hummer kopfüber in den kochenden Fond geben, einmal aufkochen und den Topf vom Herd nehmen. Danach die Hummer im heißen Sud zwei Minuten ziehen lassen, herausnehmen, in Eiswasser abschrecken und völlig auskühlen lassen.
Die Scheren im Sud nochmals 10 Minuten nachgaren, danach ausbrechen, die Schwänze in der Schale lassen und quer halbieren. Eiweißreste am Hummerfleisch entfernen und den Darm ziehen.
Die Scheren mit Orangenfilets und etwas Curryvinaigrette in Alufolie einwickeln und indirekt auf dem Grill warmstellen.
Die Hummerschwänze mit Öl einpinseln und direkt auf dem Grill bei mittlerer Hitze kurz grillen.
Danach Scheren und Schwänze auf dem Fenchelsalat anrichten und mit der Vinaigrette nappieren.

Dorade

mein TIPP:
Dazu schmeckt die Knoblauch-Petersilienbutter (Rezept Seite 97), das Carponatagemüse (S. 133), die Kartoffelspieße (S. 103) und die Polenta (S. 111).

ZUTATEN:

4 Doraden je ca 500 g
(geschuppt und ausgenommen)
1 Bd Petersilie
1 Bd Dill
2 Knoblauchzehen
2 EL Olivenöl
Salz

ZUBEREITUNG:

Die Doraden im Bauchraum mit kaltem Wasser auswaschen und danach trocknen. Die Fische von innen und außen salzen und mit Olivenöl einpinseln. Die Kräuter und den Knoblauch grob hacken und im Bauchraum der Fische verteilen.
Die Fische zuerst bei indirekter Hitze bei ca. 120 °C Innentemperatur 10 Minuten garen, dann bei direkter Hitze mit Grillmuster und Röstaromen fertigstellen und auf warmen Tellern servieren.
Die Fische sollten eine Kerntemperatur von ca. 56 °C haben.

Wussten Sie schon?
Sie können den Kerntemperaturfühler auch bei Fisch anwenden: glasig bis 56 °C, saftig bis 60 °C, trocken ab 65 °C

Dazu empfehle ich die Kartoffelspieße (Rezept s. Seite 103), außerdem eine leckere Basilikum-Mayo auf Milchbasis:

100 ml. Milch
300 g. Öl
1 EL. Pesto (S. 77)
Salz, Pfeffer

Die Milch in einen Messbecher geben und das Öl tropfenweise mit einem Zauberstab einmixen, mit Pesto, Salz und Pfeffer abschmecken.

Schwertfisch

mit Tomate und Basilikum

mein TIPP:
Die Filets sollten in der Mitte noch schön glasig sein und eine Kerntemperatur von unter 50°C haben. Wenn der Schwertfisch zu lange gegart wird, wird er trocken und spänig.

ZUTATEN:

4 Schwertfisch-Steaks à 200 g
2 Strauchtomaten
2 EL Olivenöl
2 EL Basilikumpesto
(Rezept Seite 77)
10 Blätter Basilikum
1 EL grob gemörserter, schwarzer Pfeffer
Salz

ZUBEREITUNG:

Die Schwertfisch-Steaks mit Küchenpapier trocken tupfen und von beiden Seiten mit Olivenöl bepinseln. Bei Zimmertemperatur 10 Minuten temperieren lassen.
Von den Tomaten die Haut abziehen, dann vierteln und in kleine Würfel schneiden. Die Tomatenwürfel mit Pesto, Salz, dem gemörserten Pfeffer und dem fein geschnittenen Basilikum mischen und abgedeckt kalt stellen.
Die Steaks auf dem Grill bei direkter Hitze von jeder Seite kurz grillen, bis ein schönes Grillmuster und Röstaromen entstehen. Je nach Dicke des Filets, auf jeder Seite ca. 1-2 Minuten grillen. Auf warmen Tellern anrichten und mit der Tomatensalsa garnieren.

EMPFEHLUNG:
Sie sollten dazu den Pak-Choi (Rezept Seite 123) und die Shiitake-Pilze (Rezept Seite 113) probieren.

Lachs

mein TIPP:
Die Muskelproteine bei Fisch verändern sich beim Erhöhen der Gartemperatur schneller als bei Fleisch, deshalb sollte man Fisch nicht bei zu hohen Temperaturen garen.
Die Kerntemperatur sollte ca. bei 55 °C liegen.
Die Fischzubereitung braucht etwas mehr Fingerspitzengefühl als Fleisch, denn sie hat eine geringere Wärmetoleranz.

ZUTATEN:

800 g schottisches Lachsfilet mit Haut (geschuppt und entgrätet)
300 ml Merkles Sojasauce
1 Zedernholzbrett

ZUBEREITUNG:

Den Lachs am Stück oder nach Wunsch auch portioniert (siehe Bild) auf das Zedernholzbrett legen und großzügig mit Sojasauce einpinseln.
Den Grill auf schwache, indirekte Hitze vorbereiten und das Zedernholzbrett einstellen, Deckel schließen und den Lachs bei ca. 80 °C Innentemperatur glasig garen.

Wer mehr Rauchgeschmack möchte, kann das Zedernholzbrett auch kurz bei voller Hitze leicht angrillen bis es anfängt zu qualmen und dann bei Niedertemperatur fertiggaren.
Ich wässere das Zedernholzbrett absichtlich nicht, denn nasses Holz braucht länger, bis es anfängt zu rauchen. Es leitet durch die Feuchtigkeit die Wärme stärker und wird heißer.

Die Forelle ist gar, wenn sich die Rückenflosse leicht herausziehen lässt. Oder man prüft mit dem Kerntemperaturfühler: Fisch bleibt bis 60°C glasig, darüber wird er trocken. Bei 56°C ist er perfekt.

Forelle
aus dem Schuttertal

mein TIPP:
Man kann die Forellen im Ganzen servieren oder man filetiert und portioniert sie und mariniert dann das Fleisch mit der Limetten-Chimichurri (Rezept S. 91), und serviert dazu eingelegten Kürbis (Rezept S. 127), oder gebratene Pimientos (Rezept S. 117).

ZUTATEN:

4 Forellen
1 Zweig Thymian
1 Zweig Petersilie
1 Zweig Fenchelkraut
1 Zweig Dill
Salz, Pfeffer
Zitrone

ZUBEREITUNG:

Die Forellen mit kaltem Wasser von außen und innen abwaschen und mit Küchenpapier trocknen. Die Kräuter grob schneiden und die Forellen mit Salz und Pfeffer von außen sowie in der Bauchhöhle würzen und mit den geschnittenen Kräutern füllen.
Den Grill auf mittlere Hitze vorbereiten und die Forelle auf einen langen Spieß stecken, so dass dieser im Grill fixiert werden kann.
Den Deckel schließen und die Forellen ca. 15 Minuten garen, mit Zitrone beträufeln und servieren.

mein TIPP:
Ich empfehle dazu Couscous (S. 137) und die Avocadosalsa (S. 75).

Garnelenspieße

ZUTATEN :

20 Garnelen ohne Kopf,
(Mindestgröße 8-12er)
Olivenöl, Salz, Pfeffer
Tamarindenvinaigrette
(Rezept Seite 83)

ZUBEREITUNG:

Die Garnelen auf Küchenpapier trocknen und mit der Tamarindenvinaigrette mindestens 5 Stunden im Kühlschrank marinieren. Garnelen aus der Marinade nehmen, wieder trocknen und mit Olivenöl einpinseln, auf Spieße stecken und auf dem vorgeheizten Grill bei voller Hitze direkt von jeder Seite kurz und heiß grillen, bis die Garnelen Farbe und Röstaroma bekommen, aber nicht austrocknen. Die Garnelenspieße auf warme Teller anrichten und mit der Tamarindenvinaigrette beträufeln.

ACHTUNG:

Es gibt ca. 300 unterschiedliche Garnelenarten und somit auch riesige Qualitätsunterschiede. Man sollte deshalb nicht die billigsten kaufen (Preise ab ca. 30 Euro pro Kilo sind normal). Billigere Garnelen sind meist Zuchtware aus Vietnam oder Bangladesh.
Sie können auch tiefgekühlte Garnelen kaufen und diese dann langsam im Kühlschrank auftauen.

Gefüllte Calamaretti

mein TIPP:
Zu den Calamaretti empfehle ich den Kichererbsen-Saubohnensalat (S. 149) und die Limetten-Chimichurri (S. 91).
ODER: die Calamaretti mit angeschwitztem Spinat und Feta füllen.

ZUTATEN:

16 Babycalamaretti
1 Scheibe Toastbrot
50 g Kichererbsen
100 g Garnelen
50 ml Milch
Salz, Cayennepfeffer
Raz el Hanout
1 EL Minze, fein geschnitten

ZUBEREITUNG:

Die Calamaretti putzen und trockenlegen, das Toastbrot in Würfel schneiden und mit der heißen Milch übergießen; die Kichererbsen über Nacht einweichen und im Einweichwasser mit Salz weichkochen.
Die Garnelen kleinschneiden und mit den gekochten, gehackten Kichererbsen und dem eingeweichten Toastbrot mischen.
Mit Salz, Cayennepfeffer und Raz el Hannout abschmecken und die fein geschnittene Minze unterheben.
Die Masse in einen Spritzbeutel geben und die Calamaretti damit locker füllen und mit einem Zahnstocher feststecken.
Die Calamaretti auf dem Grill bei indirekter Hitze (Ofeninnentemperatur ca. 100°C), 10 Minuten warm legen und danach auf direkter Hitze kurz mit Grillmuster und Röstaromen grillen.

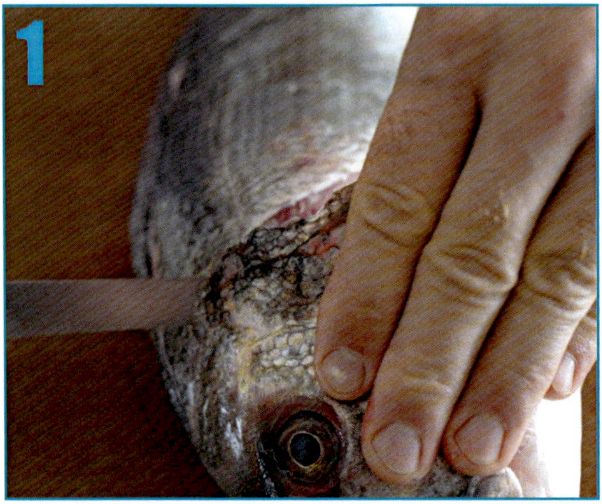

Die ausgenommene und geschuppte Dorade quer auf das Brett vor sich legen und mit einem flexiblen Filetiermesser quer zum Kopf bis auf die Mittelgräte einschneiden.

Fisch filetieren

Mit dem Messer oberhalb der Rückenflosse ebenfalls bis auf die Mittelgräte einschneiden und über die gesamte Länge des Fisches durchziehen.

Entlang der Mittelgräte vorsichtig das Filet ablösen.

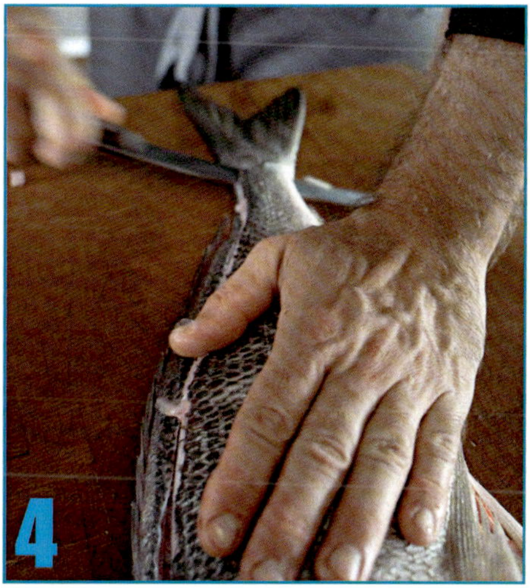

Messerschneide bis zum Schwanz durchziehen.

Das Filet umklappen und komplett von der Karkasse lösen. Den Fisch umdrehen und von der anderen Seite genauso verfahren. Die Bauchlappen von den Filets trennen. Die Filets sauber parieren und mit einer Zange oder Pinzette die Gräten ziehen. Einige Minuten in Eiswasser legen, danach auf einem Küchenpapier trocken legen und bis zum Gebrauch kühl lagern.

SAUCEN DIPS & MARINADEN

LE SAUNIER DE
CAMARGUE
Savoir-Faire Ancestral
Fleur de Sel

SAUCEN DIPS & MARINADEN

EIN PRODUKT VON
STERNEKOCH THOMAS MERKLE
Merkles
HAUSGEMACHTES
SAUCE
BBQ SAUCE

BBQ-Sauce Merkle-Style

ZUTATEN:

300 ml Cola
1,5 Tassen Merkles Kinderketchup
1 Tasse geschnittene Zwiebeln
¼ Tasse Apfelessig
¼ Tasse Worcestersauce
1 EL Chilipulver
1 TL Salz
Tabasco

ZUBEREITUNG:

Alle Zutaten in einen großen Topf geben und zum Kochen bringen. Ca. 30–40 Minuten köcheln lassen, bis die Sauce etwas eingedickt ist.

Ein pikant-würziges Püree,
das der provenzalischen Tapenade entspricht.
Übrigens: Die Tapenade aus der Provence gibt es als Konserve – und oft gar nicht mal schlecht. Wer eine schnelle Oliven-Pasta zubereiten möchte, hat damit eine passable Ausweichmöglichkeit.

Olivenpaste

ZUTATEN:

3 Knoblauchzehen
1/8 l kaltgepresstes Olivenöl
100 g schwarze Oliven
2 Sardellenfilets
Salz
frisch gemahlener Pfeffer

ZUBEREITUNG:

Die Knoblauchzehen fein hacken und in der Hälfte des Öls anschwitzen. Das Öl durch ein Sieb passieren und abkühlen lassen.
Oliven und Sardellen in einem Mörser mit dem restlichen Öl zu einer feinen Paste verarbeiten. Dafür die Oliven entsteinen und hacken, die Sardellenfilets in Stückchen schneiden. Das abgekühlte Knoblauchöl nach und nach unterrühren. Mit Salz und Pfeffer abschmecken.

mein TIPP:
Crostini, die berühmten gerösteten und meist mit Knoblauch eingeriebenen Brotscheiben, werden bevorzugt mit Olivenpaste belegt. Doch ist sie genauso als Pastasauce begehrt, zum Beispiel zu Spaghettini. Ist die Paste zum Unterrühren zu fest, wird sie mit 1-2 Esslöffeln Nudelkochwasser geschmeidig gerührt.

Maispüree

ZUTATEN:

1 kg Maiskörner TK
4 Schalotten
1 Knoblauchzehe
2 EL Crème fraîche
100 ml flüssige Sahne
Salz

ZUBEREITUNG:

Die Schalotten und den Knoblauch in feine Würfel schneiden und in Butter anschwitzen, danach im Thermomix mit dem Mais und den restlichen Zutaten glatt mixen und durch ein Sieb passieren.

mein TIPP:
Der Kürbis-Ingwerdip passt nicht nur hervorragend zu gegrillten Gambas oder Meeresfrüchten, Sie können ihn auch mal zu Käse oder kalten Terrinen genießen.

Kürbis-Ingwerdip

ZUTATEN:

1 kg Kürbis
50 g Ingwer
0,5 Ltr Orangensaft
100 g Gelierzucker
Saft einer Zitrone

ZUBEREITUNG:

Den Kürbis (am besten eignet sich Muskatkürbis) schälen und in Würfel schneiden, den Ingwer mit Olivenöl andünsten und die Kürbiswürfel zugeben. Mit Orangensaft ablöschen und einkochen. Zum Schluss im Thermomix fein mixen und mit Zitronensaft abschmecken. Heiß in Gläser füllen.

Merkles
HAUSGEMACHTES
SAUCE
KINDER KETCHUP

Kinderketchup

mein TIPP:
Das Ketchup kann zusätzlich mit frischen Kräutern wie Rosmarin, Thymian, Liebstöckel oder Majoran verfeinert werden.
Es kann auch mit Pelatitomaten aus der Dose hergestellt werden

ZUTATEN:

1 kg Strauchtomaten
1 Zwiebel
3 Knoblauchzehen
50 ml Weißweinessig
2 Lorbeerblätter
2 EL Olivenöl,
Zucker, Salz

ZUBEREITUNG:

Den Knoblauch und die Zwiebeln schälen und fein schneiden. Bei den Tomaten den Strunk entfernen und in 1 cm große Würfel schneiden. Die geschnittenen Zwiebeln und den Knoblauch in Olivenöl hellgelb andünsten und mit dem Weißweinessig ablöschen, mit Salz und Zucker abschmecken.
Das Lorbeerblatt zugeben und bedeckt leicht köcheln lassen. Nach 45 Minuten den Ketchup durch ein nicht zu feines Sieb oder eine Flotte Lotte passieren und nochmals mit Salz und Zucker abschmecken.
Danach heiß in Flaschen oder Gläser füllen.

Avocadosalsa

ZUTATEN:

1 reife Avocado
1 EL fein geschnittene Zwiebeln
1 Chilischote, gehackt
1 Limone
1 EL frischer Koriander, gehackt
2 EL Sweet Chilisauce Edition Merkle
(oder Rezept Seite 79)
Piment d' Espelette
Salz

ZUBEREITUNG:

Die Avocado schälen und das Fruchtfleisch in Würfel schneiden. Mit dem Limonensaft beträufeln. Avocado, Zwiebeln, Koriander und Chili zusammen in der Moulinette zu einer feinen Paste verarbeiten und mit Salz und Piment d' Espelette abschmecken.

Basilikumpesto

ZUTATEN:

100 g Basilikumblätter
125 ml Olivenöl
2 Knoblauchzehen
50 g geröstete Pinienkerne
50 g geriebener Parmesan
Salz, Pfeffer aus der Mühle

ZUBEREITUNG:

Die Basilikumblätter mit dem geschälten, grob geschnittenen Knoblauch, den Pinienkernen, Parmesan, Olivenöl, Salz und Pfeffer im Mörser oder in einem Mixer bis zur gewünschten Konsistenz mixen oder mörsern.

Sweet Chilisauce

ZUTATEN:

1 rote Chilischote
2 Knoblauchzehen
1 Peperoni
300 g Weinessig
200 g Zucker
300 g Wasser

ZUBEREITUNG:

Essig, Wasser, Zucker zusammen aufkochen. Ein Teil der Peperoni und Chilischote in gleichmäßige Würfel schneiden und zu dem Fond geben. Die restlichen Chili und Peperoni mit etwas Fond mixen und durch ein Passiersieb zurück in den restlichen Fond passieren.
Nochmals zusammen aufkochen und heiß in Gläser füllen.

Die Sauce passt perfekt zu Frühlingsrollen als Dip, für Dressings, Marinaden oder zum Abschmecken von Suppen und Saucen.

Merkles
HAUSGEMACHTES
VINAI
GRETTE
CURRY VINAIGRETTE

Curryvinaigrette

ZUTATEN:

50 g Fenchel
50 g Staudensellerie
1 Tomate
1 Knoblauchzehe
10 g Ingwer
50 g Schalotten
200 ml Orangensaft
200 ml Gemüsefond
2 Limettenblätter
1 Stück Zitronengras
20 g Wasabipaste
2EL Madrascurry
1 Orange
3 EL Olivenöl

ZUBEREITUNG:

Alle Zutaten klein schneiden und in Olivenöl anschwitzen, mit dem Curry bestäuben und kurz mit anschwitzen, danach mit Orangensaft ablöschen und um ein Drittel reduzieren, danach passieren.
Die Gemüsebrühe zugeben, einmal aufkochen.
Die Limettenblätter, das Zitronengras und Saft und Abrieb der Orange zugeben und nochmals 15 Minuten ziehen lassen.
Danach passieren und mit Wasabi und Salz abschmecken.

Tamarindenvinaigrette

ZUTATEN:

2 Limetten
1 EL Zucker
1 EL Tamarindenpaste
1 rote Chilischote, entkernt und gewürfelt
1 Knoblauchzehe, geschält und fein geschnitten
1 EL Ingwer, gehackt
1 EL Sesamöl
2 EL hausgemachte Sojasauce
1 El geschnittener Koriander

ZUBEREITUNG:

Die Limette abreiben und den Saft auspressen, mit den restlichen Zutaten mischen. Den fein geschnittenen Koriander zum Schluss zugeben.

Durch die Tamarindenpaste bekommt die Vinaigrette eine elegante, säuerliche Note und passt bestens zu Fisch und Meeresfrüchten.

Ananasrelish

ZUTATEN:

1 Ananas
1 Chili
1 EL gehackter Ingwer
1 Knoblauchzehe
1 Schalotte
3 EL Honig
Salz

ZUBEREITUNG:

Die gehackten Schalotten, Ingwer und Knoblauch in Sesamöl andünsten. Die Ananas schälen und in gleichmäßige Würfel schneiden, in die Pfanne geben und mit dem Honig karamellisieren. Die gehackte Chili zugeben, das Relish weich kochen und nochmals abschmecken.

SLYRS
L № 009259
Limitierte Auflage
2008 2008
SLYRS

American Whiskymarinade

mein TIPP:
Diese Marinade passt perfekt zu einem Rib-Eye Steak oder generell zu dunklem Fleisch.

ZUTATEN:

80 ml Merkles Sojasauce
65 ml Whisky
100 ml Worcestersauce
25 g brauner Zucker
Saft von 1 Zitrone

ZUBEREITUNG:

Alle Zutaten für die Marinade mischen. Die Steaks in der Marinade je nach Größe einen halben bis einen ganzen Tag marinieren. Kurz vor dem Grillen aus der Marinade nehmen und mit Küchenpapier trocknen.

Fleischmarinade

mein TIPP:
Diese Fleischmarinade verwende ich sowohl für dunkles als auch für helles Fleisch.

ZUTATEN:

150 ml Olivenöl
20 ml Cognac
50 ml Balsamico (dunkel)
50 ml Geflügelbrühe
50 ml Portweinreduktion
2 Peperoni
1 TL Cayennepfeffer
1 kleiner Bund Thymian
3 TL Code Belotta Gewürzmischung
1 TL Korianderkörner
1 TL Fenchelsaat
2 Lorbeerblätter
1 kleiner Bund frische Petersilie
1 Bio-Zitrone
1 Bio-Orange

ZUBEREITUNG:

Die Korianderkörner und die Fenchelsaat in einer Pfanne ohne Fett rösten, damit sich die ätherischen Öle freisetzen. Die Peperoni halbieren, das Kerngehäuse entfernen und feinschneiden. Den Thymian und die Petersilie in grobe Stücke zupfen. Die Orangen und Zitronen abreiben und den Saft auspressen.
Alle Zutaten bis auf das Olivenöl kräftig verrühren, das Olivenöl zum Schluss zugeben.

Limetten-Chimichurri

ZUTATEN:

4 Knoblauchzehen
150 ml Olivenöl
3 Limetten,
Abrieb und Saft
2 EL fein geschnittener Koriander
2 EL fein geschnittener Basilikum
4 EL fein geschnittene Blattpetersilie
1 Chilischote fein geschnitten
1 Tl Meersalz
Schwarzer Pfeffer aus der Mühle

ZUBEREITUNG:

Den Knoblauch schälen und feinschneiden, zusammen mit den Kräutern in den Thermomix geben und auf niedriger Stufe vermischen. Das Öl langsam einlaufen lassen. Die restlichen Zutaten nach und nach einmixen, zum Schluss mit Salz und Pfeffer abschmecken.

mein TIPP:
Ideal zum Einlegen von hellem Fleisch wie Geflügel, Schwein und Kalb oder Kaninchen.
Das Fleisch je nach Größe mit der Hälfte der Marinade im Kühlschrank abgedeckt mehrere Stunden marinieren.

mein TIPP:
Sie können ein Stück reife Mango oder in Würfel geschnittene Ananas mitkochen, das gibt ein frisches und fruchtiges Aroma.

Kalte Currysauce

ZUTATEN:

150 ml Gemüsefond
80 g Butterwürfel
50 ml Weißwein
50 ml Noilly Prat
2 Knoblauchzehen, fein gewürfelt
2 Schalotten, fein gewürfelt
50 g frischer Ingwer, fein gewürfelt
3 Stangen Zitronengras, in Stücke geschnitten
5 Limonenblätter
2 EL Curry
10 g Kurkuma, frisch gerieben

ZUBEREITUNG:

Schalotten, Knoblauch, Ingwer, Zitronengras und die Limettenblätter in Butter anschwitzen und mit dem Currypulver bestäuben, mit Noilly Prat und Weißwein ablöschen, reduzieren lassen und mit Gemüsefond auffüllen. Den frischen Kurkuma feinreiben und zum Fond geben, ca. 30 Minuten ziehen lassen, danach passieren und auf eine sahneähnliche Konsistenz einkochen, danach nochmals mit Salz abschmecken.

Süßkartoffelaufstrich

ZUTATEN:

4 mittelgroße Süßkartoffeln
1 Ingwerknolle
2 Stängel Zitronengras
1 EL Korianderkörner
Olivenöl
Salz
Cayennepfeffer
1 Zitrone, Saft und Abrieb
Raz el Hanout
3 EL Quark
Gemüsefond nach Bedarf

ZUBEREITUNG:

Die Süßkartoffeln schälen und grob schneiden. Den Ingwer schälen und ebenfalls schneiden. Das Zitronengras in feine Streifen schneiden und alles mit Salz, Olivenöl und den gemahlenen Koriandersamen mischen. Auf einem mit Backpapier belegten Blech ausbreiten und im vorgeheizten Backofen bei 170°C 20 - 25 Minuten garen.
Wenn die Süßkartoffeln weich sind, alles im Thermomix pürieren, den Quark zugeben und je nach Konsistenz, Gemüsefond zugeben.
Das Püree je nach Wunsch durch ein Sieb streichen und dann mit Salz Pfeffer, Cayenne, Abrieb und Saft der Zitrone und Raz el Hanout abschmecken.

Butter auf Zimmertemperatur bringen und mit dem Handrührgerät schlagen bis sie weiß wird.

Petersilie fein schneiden und den Knoblauch zusammen mit einer Prise Salz mit dem Messerrücken fein zerreiben.

Petersilie und Knoblauch mit dem Zitronensaft der aufgeschlagenen Butter beigeben, mit Salz und Pfeffer abschmecken.

Mit einem Gummischaber die Masse aus der Schüssel heben.

Ein Backpapier auf die Arbeitsfläche legen und die Petersilienbutter in Form einer Rolle gleichmäßig darauf verteilen.

Die Enden des Backpapiers zudrehen und alles leicht andrücken, so dass eine kompakte Rolle entsteht, mindestens eine Stunde im Kühlschrank lagern.

Petersilien-Knoblauchbutter

mein TIPP:
Kann sehr gut vorbereitet werden und ist tiefgekühlt mehrere Monate haltbar.

ZUTATEN:

250 g weiche Butter
1 Handvoll Blattpetersilie
5 Knoblauchzehen
1 EL Zitronensaft
2 EL Salz
1 EL schwarzer Pfeffer

SIDES

heiß & lecker

Germ
RÖSL
SINCE 188

SIDES

heiß & lecker

mein TIPP:
Die Kartoffeln können auch zuerst im Salzwasser gekocht und dann auf Spieße gesteckt und gegrillt werden.

Kartoffelspieße

ZUTATEN:

800 g kleine, gleichgroße, neue Kartoffeln
4 EL Olivenöl
1 Zweig Rosmarin
1 Zweig Thymian
Pfeffer aus der Mühle
Meersalz

ZUBEREITUNG:

Die Kartoffeln gut waschen und halbieren. Mit etwas Meersalz, Pfeffer, Olivenöl und den Kräutern mischen und in Alufolie geben oder auf ein Alutablett legen und im Grill bei indirekter Hitze (Innentemperatur ca. 150°C) 30 Minuten garen.
Dann aus der Folie nehmen und die Kartoffeln quer halbieren, auf die Spieße stecken und bei direkter Hitze nochmals auf den Grill legen, damit ein schönes Grillmuster entsteht.

Gefüllte Zucchini

mein TIPP:
Passt perfekt zu gegrillten Fischgerichten und Steaks. Oder einfach mit gegrillten Kartoffeln (Rezept S. 103) als Veggiegericht genießen.

ZUTATEN:

4 Zucchini
1 Schalotte
1 rote Paprika
1 gelbe Paprika
2 Tomaten
1 Bd geschnittene Blattpetersilie
2 EL Olivenöl
Salz Pfeffer
100 g Feta

ZUBEREITUNG:

Die Zucchini halbieren und oben und unten jeweils 1 cm abschneiden, auf die Schnittfläche stellen und mit einem Messer oder Ausstecher bis zu zwei Dritteln aushöhlen. Die ausgehöhlten Zucchinistücke 2 Minuten in kochendem Salzwasser blanchieren, direkt danach im Eiswasser abkühlen und zum Abtropfen beiseite stellen.
Die Schalotte schälen und feinschneiden. Die Paprika enthäuten und das Fleisch in feine Würfel schneiden. Tomaten häuten, das Fruchtfleisch entfernen und ebenfalls in feine Würfel schneiden.
Das Olivenöl erhitzen, die Schalottenwürfel darin andünsten und die Paprika zugeben. Alles zusammen andünsten, mit Salz und Pfeffer abschmecken. Langsam die geschnittenen Tomatenwürfel und den in Würfel geschnittenen Feta zugeben.
Zum Schluss die geschnittene Petersilie zugeben und die Masse in die Zucchini füllen.
Die Zucchini bei indirekter Hitze im Grill bei ca. 120°C Innentemperatur langsam warmziehen und danach kurz bei direkter Hitze grillen.

Gegrillter Chicorée

mein TIPP:
Passt perfekt zu gegrilltem Hummer (Rezept S. 45), oder Fischgerichten.

ZUTATEN:

4 gelbe Chicorée
2 EL Olivenöl
50 ml Orangensaft
1 Bd Zitronenthymian
Salz, Pfeffer

ZUBEREITUNG:

Den Chicorée putzen, längs halbieren und den Strunk rausschneiden. Die Schnittflächen mit Olivenöl einpinseln und zuerst 3 Minuten bei indirekter, danach auf direkter Hitze nochmals 3 Minuten grillen. Währenddessen immer wieder mit Orangensaft und dem restlichen Olivenöl bepinseln. Zum Schluss mit Salz und Pfeffer würzen, den Zitronenthymian darüber geben und heiß sevieren.

Gegrilltes Knoblauchpüree

ZUTATEN:

2 Knollen Knoblauch
300 g gekochte Kartoffeln
1 Zweig Rosmarin
3 EL Olivenöl
Salz, Pfeffer
3 EL Weißwein
2 EL weißer Portwein

ZUBEREITUNG:

Den Knoblauch bei indirekter Hitze ganz auf den Grill legen und so lange grillen, bis die äußeren Blätter dunkel und der Knoblauch innen weich ist.
Die gekochten Kartoffeln und den weichgegrillten Knoblauch durch eine Kartoffelpresse drücken. Die Masse mit Salz und Pfeffer kräftig abschmecken und das restliche Olivenöl, den Weißwein und den Portwein zugeben.

mein TIPP:
Das Püree passt perfekt zu gegrilltem Gemüse oder als Dipp zu gegrilltem Rind, Lamm oder Fisch.

Polentaschnitten

mit Parmesan

mein TIPP:
Kräuter wie Thymian,
Liebstöckel oder Petersilie
fein gehackt unter die Masse geben.
Passt gut zu Lamm oder Kalb
und Fischgerichten.

ZUTATEN:

350 ml Geflügelfond
250 ml Milch
50 g Schalottenwürfel
25 g Butter
1 Knoblauchzehe
1 Thymianzweig
Salz, Pfeffer aus der Mühle, Muskat
125 g Polentagrieß
1 Eigelb
50 g geriebener Parmesan
2 EL Olivenöl

ZUBEREITUNG:

Geflügelfond, Milch, Schalottenwürfel, Butter, Knoblauch und Rosmarin in einem Topf aufkochen und etwa 5 Minuten ziehen lassen, dann durch ein Sieb passieren und erneut aufkochen.
Den Polentagrieß und das Eigelb einrühren und am Herdrand ca. 30 Minuten quellen lassen, dabei immer wieder umrühren.
Zum Schluss Parmesan und Olivenöl unterheben. Die Polenta zwischen zwei Blechen pressen, abkühlen lassen und in beliebiger Form zuschneiden oder ausstechen.
Die Polenta mit Olivenöl einpinseln und bei direkter Hitze auf dem vorgeheizten Grill mit einem Grillmuster versehen.

Gegrillte Shiitake-Pilze

mein TIPP:
Die Shiitake-Pilze passen bestens zu gegrilltem Fleisch und Pak Choi mit Lachs auf der Planke.

ZUTATEN:

8 Shiitake-Pilze
10 g Ingwer, fein geschnitten
10 g Knoblauch,
geschält und fein geschnitten
Merkles Sojasauce

ZUBEREITUNG:

Die Shiitake-Pilze putzen und die Stiele entfernen. Bei den Pilzen an der Oberseite ein Kreuz einritzen. Die Pilze mit dem Ingwer, Knoblauch und der Sojasauce mischen und ca. 1 Stunde bei Zimmertemperatur marinieren.
Das Olivenöl in einer beschichteten Pfanne bei direkter Hitze auf den Grill stellen und erhitzen, die Shiitake-Pilze abtropfen lassen, in die Pfanne geben und von allen Seiten grillen. Dabei immer wieder mit der Sojasauce bepinseln.

Gegrillter grüner Spargel

mit Kokos-Crumble

**mein TIPP:
Der Spargel passt perfekt
zu Kalbskotelett aber auch
zu gegrilltem Fisch mit
Curryvinaigrette (Rezept S. 81).**

ZUTATEN:

2 EL Olivenöl
4 EL Kokosflocken
2 EL gehackter Ingwer
1 EL feingeschnittene Minze
Meersalz, Pfeffer

ZUBEREITUNG:

Den Spargel waschen, wenn nötig an den Enden etwas schälen und abschneiden und zum Trocknen beiseite legen. Mit dem Olivenöl betreufeln und mit Salz und Pfeffer würzen. Bei direkter, mittlerer Hitze ca. 8 Minuten grillen. Dabei 2 bis 3 Mal wenden.
Die Kokosflocken in einer trockenen Pfanne hell anrösten und danach abkühlen lassen, den gehackten Ingwer und die fein geschnittene Minze zugeben und vor dem Servieren über den Spargel streuen.

Gegrillte Pimentos

ZUTATEN:

24 Pimientos de Padrón
(grüne Bratpaprika)
4 EL geriebener Manchego
oder Parmesan
Rapsöl
Grobes Meersalz

ZUBEREITUNG:

Die Pimientos in einer Pfanne oder auf dem Teppanyaki-Grill bei voller Hitze im Rapsöl braten, bis die Pimentos Blasen werfen.
Vom Grill nehmen und mit Meersalz würzen, nochmals durchschwenken und direkt servieren.

Minikarotten
mit Orangen lackiert

mein TIPP:
Die Karotten passen bestens zu gebratenem Fisch oder zu gefüllten Calamaretti.
Ich serviere sie auch oft mit gegrillten Kartoffeln und Avocadosalsa als Veggiegericht.

Zutaten:

12 Babykarotten
3 EL Butter
2 EL Honig
1 Orange, Abrieb und Saft
1 EL Balsamico
2 EL fein gehackte Petersilie

ZUBEREITUNG:

Die bissfest gegarten Karotten in Eiswasser abschrecken und danach trocken legen. Für 30 Minuten in die Marinade geben und danach wieder etwas abtropfen lassen.
Den Karotten auf dem Grill bei mittlerer Hitze ein schönes Grillmuster und Röstaromen geben, dabei gelegentlich mit der Marinade beträufeln.
Die Karotten nach dem Grillen mit der restlichen Marinade mischen und mit der gehackten Petersilie bestreuen.

Kartoffel-Focaccia

ZUTATEN:

250 g Weizenmehl
1 TL Salz
165 ml lauwarmes Wasser
1/2 Würfel frische Hefe
1 EL Olivenöl
1 TL gehackter Rosmarin
4 kleine gekochte und geschälte Kartoffeln
80 g geriebener Gruyère
2 EL Crème fraîche
Salz, Pfeffer
4 Tartelette-Formen mit ca. 7 cm Durchmesser

ZUBEREITUNG:

Mehl in eine Schüssel geben, eine Vertiefung in die Mitte drücken und das Salz darum verteilen. Hefe in lauwarmem Wasser auflösen und in die Vertiefung geben. Mit Olivenöl zu einem klebrigen Teig verarbeiten. Teig in die Schüssel geben, mit einem Tuch abdecken und ca. 1,5 Stunden gehen lassen. Mit der Handfläche die Luft aus dem Teig drücken und zu 4 Kreisen mit ca. 7 cm Durchmesser ausrollen. In die geölten Tartelette-Formen legen. Die Hälfte des geriebenen Gruyère darauf verteilen. Die gekochten Kartoffeln in Scheiben schneiden und als Rosette auf die Focaccia legen. Die Crème fraîche darauf verteilen und mit dem restlichen Gruyère, Rosmarin und Olivenöl bestreuen und nochmals abgedeckt 30 Minuten ruhen lassen.
Focaccia bei direkter Hitze (Innentemperatur von 200 C°) ca. 12 Minuten backen, bis der Teig knusprig und die Kartoffeln schön braun sind. Danach auf einem Rost abkühlen lassen und mit grobem Salz und Pfeffer aus der Mühle bestreuen.

Gegrillter Pak-Choi

ZUTATEN:

4 Baby-Pak-Choi
2 EL gehackter, frischer Ingwer
2 EL gehackter Knoblauch
Olivenöl
Merkles Sojasauce

ZUBEREITUNG:

Den Pak-Choi längs halbieren und mit dem gehackten Knoblauch, dem Ingwer und der Sojasauce marinieren, bei Zimmertemperatur ein bis zwei Stunden durchziehen lassen.
Den Pak-Choi aus der Marinade nehmen, die Marinade aber aufbewahren. Die Schnittflächen des Pak-Choi mit Olivenöl einpinseln und bei direkter Hitze kurz von allen Seiten grillen, bis die Blätter gar, aber noch knackig sind. Dabei immer wieder mit der Marinade bepinseln und heiß servieren.

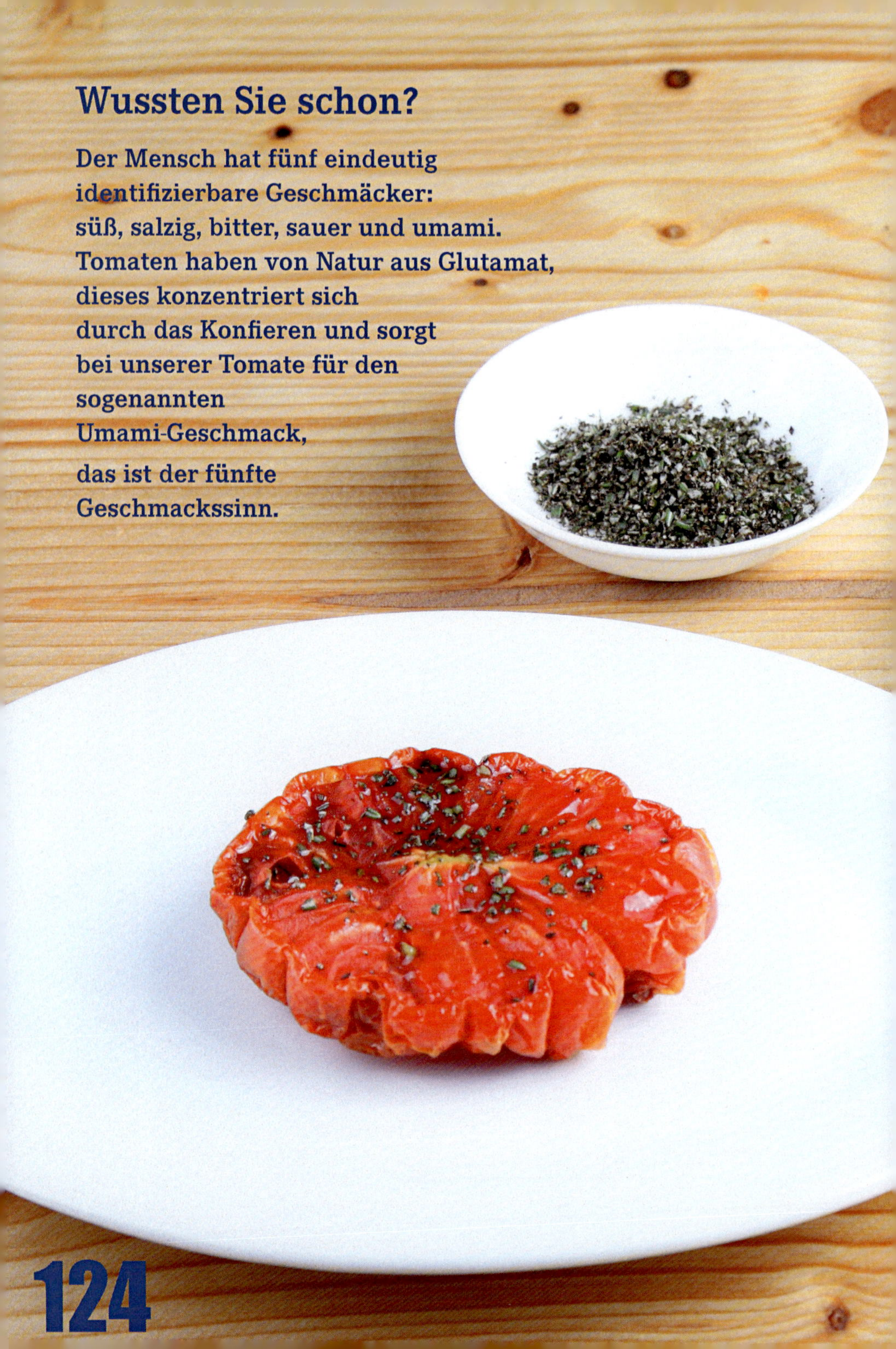

Wusssten Sie schon?

Konfierte Tomaten

ZUTATEN:

4 große Ochsenherz-Tomaten
Olivenöl
Meersalz
1 TL gehackter Rosmarin
1 TL gehackter Thymian

ZUBEREITUNG:

Die Tomaten oben und unten jeweils 1 cm dick abschneiden, dann quer halbieren. Die Tomaten salzen und mit Olivenöl einpinseln, mit dem gehackten Rosmarin und Thymian bestreuen. Die 8 Tomatenscheiben auf ein Backpapier legen und im Ofen oder Trockenautomat bei ca. 60°C drei Stunden trocknen lassen.

Kürbis
eingelegt und gegrillt

ZUTATEN:

1 l Orangensaft
2 Hokkaidokürbisse
50 g Ingwer
1 Zimtstange
1 Sternanis
50 ml weißer Balsamicoessig
25 g Zucker

ZUBEREITUNG:

Orangensaft zusammen mit den Gewürzen in einen Topf geben, den in feine Würfel geschnittenen Ingwer und den Essig zugeben und auf die Hälfte reduzieren.
Die Kürbisse halbieren und in Spalten schneiden, auf dem heißen Grill direkt grillen.
Den Fond auf die Kürbisse gießen und im Ofen bei 160°C nicht zu weich garen, danach einige Tage im Sud durchziehen lassen.

SIDES

frisch & knackig

SIDES

frisch & knackig

Caponatagemüse

ZUTATEN:

1 Zucchini
1 Paprika, gelb
1 Paprika, rot
1 Zwiebel
2 Knoblauchzehen
1 Aubergine
100 g kleine eingelegte Kapern
100 g grüne Oliven ohne Stein
200 ml Tomatensauce
5 EL weißer Balsamicoessig

ZUBEREITUNG:

Das Gemüse putzen und in gleichmäßig große Würfel schneiden. Olivenöl in einer Pfanne erhitzen und das Gemüse nacheinander kurz und leicht knusprig anbraten.
Die fein geschnittenen Zwiebeln und den Knoblauch in einem Topf hellbraun andünsten und mit dem Balsamico und der Tomatensauce ablöschen.
Vor dem Servieren das angeschwitzte Gemüse zugeben und nochmals mit Salz und Pfeffer abschmecken.

mein TIPP:
Servieren Sie dieses Gemüse zu Lamm oder Fischgerichten.

mein TIPP:
Den Olivenkuchen in Scheiben schneiden und in Olivenöl anbraten, schmeckt toll zu Tomatensalat mit gebratenen Gambas. Aber Vorsicht: Suchtgefahr!

Olivenkuchen

ZUTATEN:

100 g Mehl
1 Ei
1 TL Backpulver
50 ml Olivenöl
Mineralwasser nach Gefühl
50 g getrocknete Tomaten
(in feine Würfel geschnitten)
70 g schwarze Oliven
(in feine Würfel geschnitten)
50 g geriebener Pecorino

ZUBEREITUNG:

Das Mehl, Ei, Backpulver und Olivenöl in eine Schüssel geben und mit dem Mineralwasser einen weichen Rührteig herstellen.
Die restlichen Zutaten zugeben und untermischen. In eine gefettete Kastenform füllen und bei 160°C ca. 30 Minuten backen.

Couscous

ZUTATEN:

150 g Couscous
100 ml Gemüsefond
1 Stange Zitronengras
3 Limettenblätter
50 g Ingwer
1 EL Sesamöl
Raz el Hanout
Salz und Pfeffer

ZUBEREITUNG:

Für den Couscousfond schneiden Sie das Zitronengras, die Limettenblätter und den geschälten Ingwer in feine Streifen. Alles leicht in Sesamöl andünsten. Den Gemüsefond zugeben, einmal aufkochen und 30 Minuten ziehen lassen, danach durch ein feines Sieb passieren.
Den Couscous auf ein Blech geben, mit Raz el Hanout, Salz und Pfeffer würzen und mit dem heißen Fond übergießen. Das Ganze mit einer Gabel etwas auflockern. Mit einem Backblech bedecken und ca. 15 Minuten ziehen lassen, danach nochmals abschmecken.

mein TIPP:
Feingeschnittene Trockenfrüchte wie Rosinen, Zwetschgen oder Aprikosen zugeben und kurz vor dem Servieren frisch geschnittene Minze und Koriander darüber streuen.

Fenchelsalat

**mein TIPP:
Schmeckt sehr gut
mit Orangenfilets und
gehacktem Estragon**

ZUTATEN:

1 Fenchelknolle
Fleur de Sel
Saft von 4 Orangen auf 1/3 reduziert
Olivenöl
(gute Qualität mit wenig Säure)
2 EL Estragonessig
1 Msp Fenchelsamen, frisch gemörsert
Pfeffer aus der Mühle

ZUBEREITUNG:

Den Fenchel hauchdünn auf der Maschine schneiden und mit dem Fleur de Sel durchkneten. Orangensaft, Öl und Essig zugeben. Mit Pfeffer und gemahlenem Fenchelsamen abschmecken.

Gewürztomaten

mein TIPP:
Damit sich ätherische Öle freisetzen können und der Geschmack intensiver wird, die Gewürze in einer Pfanne ohne Öl anbraten.

ZUTATEN:

15 Kirschtomaten
3 EL Olivenöl
1 TL Meersalz
1 TL Pfefferkörner
3 Knoblauchzehen
2 Sternanis
1 Chilischote
1 Lorbeerblatt
50 ml Pastis
50 ml weißer Balsamicoessig
50 g Honig

ZUBEREITUNG:

In einer heißen Pfanne Olivenöl erhitzen und die Tomaten hineingeben, bis sie aufplatzen. Salz und alle geschroteten Gewürze unterschwenken. Mit Pastis ablöschen und flambieren.
Essig und Honig zugeben und 2 Tage bei Zimmertemperatur marinieren. Öfters mit dem Fond übergießen.

mein TIPP:
Passt bestens zu gebratenem Fisch sowie Kaninchen, Geflügel oder Kalbfleisch.

Spitzkohlsalat

mit Wasabi

ZUTATEN:

1 Kopf Spitzkohl fein gehobelt
2 EL Sojasauce Edition Merkle
2 EL Sweet-Chilisauce
2 EL Reisessig
1 Knoblauchzehe, fein geschnitten
2 EL Rapsöl
2 EL Wasabipaste

ZUBEREITUNG:

Spitzkohl in feine Streifen hobeln und leicht salzen. Die Saucen mit dem Essig mischen, den Wasabi, das Öl und den Knoblauch zugeben und gut verrühren.
Alles mit dem gehobelten Krautsalat vermischen und mit Salz, Pfeffer und Zucker abschmecken.

Gurkensalat

mit Chili und Koriander

mein TIPP:
Den Gurkensalat serviere ich gerne zu Soja, lackiertem Lachs oder gegrillten Gambas.

ZUTATEN:

2 Salatgurken
2 Limetten
1 rote Chilischote
2 EL Sweet Chilisauce
2 EL Reisessig
2 EL geschnittener Koriander
2 EL Rapsöl
Salz, Pfeffer

ZUBEREITUNG:

Die Gurke schälen, in feine Scheiben hobeln und leicht salzen. Eine Stunde ziehen lassen, danach den Fond abgießen und die Gurkenscheiben mit der Hand leicht auspressen.
Mit der gehackten Chili, dem Limettensaft und den restlichen Zutaten mischen, mit Salz, Zucker und Pfeffer aus der Mühle abschmecken.
Zum Schluss den geschnittenen Koriander zugeben.

Asiatischer Glasnudelsalat

ZUTATEN:

2 EL Sesamöl
200 g Glasnudeln
50 ml Merkles Sojasauce
50 ml Merkles Sweet Chilisauce
1 Zucchini
1 Karotte
1 Stange Lauch
100 g Sojasprossen
1 rote Chilischote
1 EL frischer Koriander
1 Limone

ZUBEREITUNG:

Glasnudeln kurz in kochendem Salzwasser blanchieren, auf ein Sieb gießen und mit kaltem Wasser kurz abschrecken.
Die Karotte schälen und zunächst mit der Aufschnittmaschine in 2 mm dicke Scheiben schneiden, Zucchini ebenfalls in 2 mm dicke Scheiben schneiden. Daraus dann gleichmäßige Streifen in ca. 10 cm Länge schneiden.
Den Lauch halbieren und auch in feine Streifen schneiden.
Die Gemüsesorten und die Sojasprossen getrennt voneinander in Sesamöl kurz und heiß anbraten, dabei mit Salz abschmecken. Die Gemüsestreifen auf einem Blech auskühlen lassen. Die Glasnudeln und das Gemüse mit der Sojasauce, der Sweet-Chilisauce und dem Zitronensaft abschmecken. Zum Schluss den fein geschnittenen Koriander zugeben.

Kichererbsen-Saubohnensalat

ZUTATEN:

300 g Kichererbsen gekocht
300 g Saubohnen aus der Schale gepellt
1 Knoblauchzehe fein geschnitten
2 Schalotten
2 EL gehackte Petersilie
1 EL geschnittener Koriander
Salz, Pfeffer
Raz el Hanout
4 EL Curryvinaigrette
1 EL Olivenöl

ZUBEREITUNG:

Die gekochten Kichererbsen grob hacken und mit den Saubohnen mischen. Die geschnittenen Schalotten und den Knoblauch in etwas Olivenöl hellgelb andünsten und zum Salat geben. Mit der Curryvinaigrette und Raz el Hanout abschmecken. Zum Schluss die geschnittenen Kräuter zugeben.

Unser Team (von links nach rechts):
Simone Merkle-Dinger, Markus Marciulonis, Laura Probst,
Larissa Hüglin, Thomas Merkle, Jan Falk Widman,
Thomas Engler, Stefan Püngeler,
Johanna Springer und Filippa Merkle

danke.

Mein erster Dank gilt natürlich meiner Frau Simone und meiner Tochter Filippa. Ich danke euch für die Kraft, die ihr mir täglich gebt. Ohne Euch wäre das alles nicht möglich.

Ein großes Dankeschön geht auch an meinen Vater Gerhard, der mir immer noch jeden Tag tatkräftig zur Seite steht und an meine Mutter Maria, auf deren Hilfe wir uns immer verlassen können.

Außerdem ein großes Danke an mein wunderbares Team, unseren Restaurantleiter Markus Marciulonis und meine Jungs aus der Küche: Jan Falk Widman, Thomas Engler und Stefan Püngeler.

Ein Dankeschön geht an meinen Freund Markus Hemmerich für die tolle Idee zu diesem Buch und die ebenso tollen Fotos. Für die Fotos bedanke ich mich auch bei Stephan Elsemann.

Danke Petra für die grafische Umsetzung und das tolle Layout.

Klaus Binder, meinem Mann fürs Fleisch, der Firma Rösle, die für mich die besten Grills herstellt und Katharina Ganter-Fraschetti von der Privatbrauerei Ganter, die unseren Durst so lecker löscht, ein herzliches Danke!

Last but not least: Danke auch an meinen Verleger Andreas Hodeige für das in mich gesetzte Vertrauen.